كتاب
علمای اسلام

بنام ایزد بخشاینده بخشایشگر مهربان دادگر

علمای اسلام یکی از دین آگاهی مسئلهٔ چند خواست ودرین معنی سخن کفته است ودرین باب کتابی ساخته اند ونام این کتاب علمای اسلام نهاده اند یعنی پیدا کنندهٔ چکونکی جهان وروح مردم از ازل تا ابد پرسید که شما انکیزش را چکونید ایمان دارید یا نه موبدان موبد کفت که ما انکیزش را ایمان داریم وقیامت خواهد بودن پس علمای اسلام کفت که جهان چون بوده است وخدای آفرینش مردم ونیستی مردن وباز زنده کردن درین چه مصلحت است دین دستوران ایام کفت که آنچه تو می پرسی بسوی انکیزش نخست بباید دانستن که آفریدن چه بود ومیرانیدن چیست وباز زنده کردن چراست پس بباید کفتن که جهان بوده است یا آفریده است اول از جهان بازکویم که جهان بوده است یا آفریده است اکر کوید بود این سخن محال بود بسبب آنکه درجهان نو نو چیزها می افزاید. وهم درجهان می کاهد چون چنین بود که می کاهد ومی افزاید ونقصان میکیرد وباز زیادت میشود پس هرچه پذیرندهٔ کون وفساد بود معلول بود ومعلول خدای را نشاید پس درست شد که جهان نبوده است وبیافریده اند پس آفریده را

از

از آفریدگاری چاره نیست وببایه دانستن که در دین پهلوی که زرتشتان در آن مذهب اند جهان را آفریده گویند پس چون گفتیم که جهان آفریده است ببایه گفتن که که آفرید وکی آفرید وچون آفرید وچرا آفرید در دین زرتشت چنین پیداست که خدا از زمان دیگر همه آفریده است وآفریدگار زمانست وزمانرا کناره پدید نیست وبالا پدید نیست وبن پدید نیست او همیشه بوده است وهمیشه باشد وهرکه خردی دارد نگوید که زمان از کجا پیدا آمد وبا این همه بزرگواری که بود کس نبود که ویرا آفریدگار خواندی چرا زیرا که آفرینش نکرده بود پس آتش وآب را بیافرید چون بهم رسانید اورمزد موجود آمد زمان هم آفریدگار بود وهم خداوند بسوی آفرینش که کرده بود پس اورمزد روشن و پاک وخوشبوی و نیکوکردار بود و بر همه نیکوئیها توانا بود پس چون فروشیبنتر نگرید نود وشش هزار فرسنگ آهرمن را دید سیاه وپلید وگنده وبدکردار اورمزد را شگفت آمد که خصمی سهمگین بود اورمزد چون آن خصم را دید اندیشید که مرا این خصم از میان بر باید گرفت واندیشه کرد بچند وجه اقرار همه باندیشید وپس آغاز کرد واورمزد هرچه کرد بیاری زمان کرد وهر نیکی که در اورمزد بایست بداده بود وزمان درنگ خدای اورمزد پیدا کرد وبر اندازه دوازده هزار سال باشد سپهر ومینو ونقاش در وی پیوسته کرد واین دوازده برج که در سپهر بسته است هر یکی هزار سال ترتیب کرد بر اندازه سه هزار سال کار روحانی ساخته آمد حمل وثور وجوزا ترتیب کننده بود وهر یک هزار سال ببرجی وپس آهرمن

رو بــبالا نهاد تا باورمزد جنك كند لشكرى ديد ساخته وصف بركشيده با دوزخ دواريد پس ازان پليدى وتاريكى وكندكى كه در وى بود لشكرى ساخته كرد ممكن كى بود درين معنى سخن بسيارست مقصود كه هم هيچ بدست نداشت هم با دوزخ دواريد واز راستى كه در اورمزد ديد سه هزار سال نيارست جنبيدن تا اين سه هزار سال كار كيتى ساخته شد ترتيب كيتى بسرطان واسد وسنبله رسيد درين معنى سخن بسيارست اما سخنى چند درين معنى ياد كنم در آفريدن كيتى نخست آسمان پيدا كرد بر اندازه بيست وچهار در بيست وچهار هزار فرسنك بالا تا بكروثمان بر شده وبــر روى آسمان وبعد از چهل وپنجروز آسمان پيدا كرد وبعد از شصت روز آب وبعد از هفتاد وپنجروز زمين وبعد از سى روز نباتهــاى بزرك وخرد پيدا كرد وبعد از هشتاد روز كاو كيومرث پيدا آمد وبعد از هفتاد وپنجروز آدم وهوا پديد آمد تا سال بسيصــد وشصت وپنجروز تمام اينها جمله شد چون ترتيب بسرطان رسيده بود آدم وهوا پديد آمده بود چون اين سه هزار سال كه ياد كرده آمد بكذشت مردم وجهان وديكر آفرينشها كه ياد كرده آمد موجود شد آهرمن دروند ديكر باره بجنبيد آسمانرا وكوه را وزمين را سوراخ كرد ودر كيتى دواريد وهرچه در كيتى بود از بدى وپليدى خويش آلوده كرد وچون با روحانى چيزى بدست نداشت در كيتى نود شبانروز جنك كرد وسپهر بكشت ومينوان بيارى كيتى آمدند وهفت ديو كه بنر بود بكرفتند وبر سپهر بردند وبه بند مينوئى به بستند وآهــرمن هزار درد بر كيومرث نهاد تا كذشته شد

شد وازو چند چیزها در وجود آمد و درین معنی سخن بسیارست وازگاو هم چند گونه چیزها وحیوانات موجود شد پس آهرمن را بگرفتند هم بدان سوراخ که در دنیا آمده بود با دوزخ بردند وبه بند مینوئی ببستند پس دو فرشته چون اردیبهشت امشاسفند وبهرام ایزد بموکل او ایستادند اگر کسی گوید که چون این همه رنج از وی است چون بگرفتند اورا چرا نکشتند بباید دانستن که کسی جانوری بکشد وگوید که فلان جانوری بکشتم وچون جانور بکشت آتش وی با آتش شد وآب او با آب شد وخاك او با خاك شد وباد او با باد شد در وقت انگیزش انگیخته شود ودر میان جیست که کسسته شود معلوم شد که هیچ ازین که گفته آمد نیست نشده است اما هریك از جوهر چهارگانه جدا شده اند پس آهرمن درین سطبری که کشته شود چون چنین که میکشندش بساکنی ودرنگ وبدی با نیکی آورند وتاریکی با روشنائی وپلیدی با پاکی تا ایستادی باشد نه کین وخصومت اگر گوید که چون همه ایستادی داشت آهرمن خود چرا میداد ما در اول گفته ایم که اورمزد وآهرمن هر دو از زمان موجود شده اند وهر گروهی برگونه دیگر میگویند قومی گویند که آهرمن را ازان داد تا اورمزد داند که زمانه بر همه چیز توانا است وگروهی گویند که نبایست داد با اورمزد بگفت که من چنین میتوانم کرد اورمزد را ومارا در رنج نبایست انداخت ودیگری گوید که زمان را از بدی آهرمن واز نیکی اورمزد چه رنج یا راحت وگروهی گویند که اورمزدرا وآهرمن را بداد تا نیکی وبدی درهم بیامیزد وچیزها از رنگ رنگ در وجود می آید وگروهی گویند که

که آهرمن فرشته منضرب بود بسبب نافرمانی که کرد نشانه لعنت شد درین معنی سخن بسیارست اکنون با سر حکایت خویش شویم پس چون مینوان آهرمن را در دوزخ به بستند ودیوان هفتکانه بر سپهر ببستند نام دیوان این است که ثبت شد زیرح ونبرح ونا انکیش وترمد وچشم وسبیج وبثیر واورمزد هریکی را ازین هفتکانه روشـــنی کرد آورده است ونام هورمزدی کرده توانند کرد کیوان وهورمزد وبهرام وشید وناهید وتیر وماه چون این کارها است آمد سپهر بکشت وخورشید وماه وستارکان برآمدن وفرو شدن آغاز کردند وساعات روز وشب وسال وماه پیدا شد ودهندکان پدید آمدند درین معنی سخن بسیارست وسه هزار سال مردم بود ودیو نیز آشکارا بود وجنک مردم با دیوان بودی ودر مردم چند چیز اورمزدی است وچند آهرمنی ودر کالبد آتش است وآب وخاك وباد ودیکر روان است وهوش است وبوی وفروهر اســـت ودیکر هواست پنج کانه چون بصر وسمع وذوق وشم وملس است اکر کسی کوید که این همه از روانست نه چنانست بسبب آنکه بسیار کس باشد که کنک باشد یا لنک باشد اکر کسی کوید روان چون این همه سازد برکیبها ندارد چه تواند کرد نه چنانست که ما می بینیم که آتش دهن ندارد وخورشن میخورد وپای ندارد چنانکه هیزم نهی از بوی هیزم برود وچشم ندارد وچشمها را روشنائی دهد این آن سبب را کفته اند تا دانیم که با این همه سازد برکیبها که بما داده است بی نظر او چیزی نباشیم وبا این همه کبر ومنی که با یکدیکر داریم چون چیزهائ اورمزدی یاد کردیم آهرمنی هم یاد کنیم تا دانند

دانند آز و نیاز و رشك وكین و درن و دروغ و خشم است در دیوان كالبد داشتند طبایع چهار كونه بودی بسبب آنرا كه قوت آهرمن بدان دیوان فلكی میسر شد ازان ایشانرا نو نو بدی جهان می رساند تا قوت آهرمن نقصان میشود وبدی آهرمن بدو كم می شود تا قیامت را همه بدی وی بكاهد ونیست شود ومردم آن ایام براه راست می رفتند و دیوان را می زدند تا آنوقت كه پادشاهی جمشید رسید ششصد سال وشانزده سال وشش ماه پادشاهی كرد وخشم دیو بروی راه یافت و بخدائ دعوی كرد تازی ویرا بكرفت وبكشت وبدر پادشاهی بنشست وهزار سال براند ودیو ومردم بهم برآمیخت وبسیاری جادوی در جهان بكرد تا بآنوقت كه فریدون آتفیان بیامد واورا ببست * * یعنی ده عیب زشت منكری وكوتاهی وبیدادكری وبی شرمی وبسیار خوری وبد زبانی ودروغكوئ وشتاب كاری وبد دلی وبی خردی عرب لغظ دهاك معرب كردند وضحاك كفتند بعد ازان در میان مردمان جنك پدید آمد زیرا كه بهری با دیو آمیخته شده بودند وبعضی كمراهی دیده بودند پس فریدون جهد میكرد تا مرداماں را با راه راست خواند چون از نژاد وی افراسیاب پدید آمد آشوب زیادت شد چون كیخسرو پدید آمد جهان را از بدان پاك كرد پس زرتشت اسفنتمان به پیغامبری آمد واوستا وزند وپازند بیاورد كشتاسپ شاه قبول كردند ودر جهان روا كرد وسیصد سال كار دینداران هر روز بهتر بود تا اسكندر رومی بیاید دیكر باره كفت كوی زیادت شد بعد ازان زردشیر بابكان آن كفت كوی كم كرد تا پانصد سال برآمد بعد ازان لشكر عرب بجنبید وعجم

وعجم را زیر دست کرد وهر روز ضعیف تر میشود تا آنوقت که بهرام هاوند بیاید وآن تخت ساسانیان مملکت بکیرد پس اوشیدر بامی بیاید واوستا وزند نسکی زیادت از آنکه زرتشت اسفنتمان آورده است بیاورد وبهرام هاوند درجهان روا کند وآن سه بهره که در روزکار زرتشت نه پذیرفته باشند سه یکی زیادت قبول کنند وبچهار صد سال زیادت روا باشند پس دیکر بار کفت کوی پدید آید درین معنی سخن بسیار است ودیکر باره اوشیدرماه آید وکفت کوی ازجهان برکیرد ونسکی اوستا زیادت از اوشیدر بامی بیاورد ودرجهان روا کند واز مردمان که بی دین باشند یك نیمه دین به قبول کنند ودیکر باره زمانه نیکی بکذرد وزمانه بدی درآید هم بکذرد بعد ازان سیاوشانی نسکی اوستا زیادت از اوشیدرماه بیاورد وجهانیان همه دین به قبول کنند وکفت کوی ازجهان برخیزد تا پنجاه وهفت سال برآید رستاخیز باشد ودرین معنی سخن هم بسیار است کوتاه برکرفتم تا خواننده را ملامت نیفزاید آمدیم با سر حکایت خویش آنکه میکویند کس بمرد یا بکشند باد وی با باد پیوست وخاك وی با خاك وآب وی با آب وآتش وی با آتش پیوست وروان وهوش وبوی هر سه یکی شوند وبا فروهر پیوندند وهمه یکی شوند اکر کناه زیادت بود عقوبت دهند واکر مزد زیادت بود ببهشت رسانند پس دیوان که با این شخص بوده باشند همه فرسوده کشته باشند بجهت عقوبت که کشیده بود اردیبهشت امشاسفند میانجی عقوبت بود نکذارد که عقوبت زیادت از کناه دهندش واکر بهشتی بود ببهشت واکر کروثمانی بود بکروثمان

واکر

واكر هیستانی بود بهیستان برندش تا روز رستاخیز زور دیوان بسوده بود واز بدی نیست کشته بسبب آنکه مردم عقوبت کشند ودیوان که با مردم اند بسودند بعد ازان بهشتی ودوزخ را کالبد بر انکیزند هم ازآن جوهر نخستین از مینو اتش اتش وازآب آب واز خاك خاك واز باد باد جمع کنند وروان باز بتن آید وبدی که در تن مردم است آنزمان چون رستخیز بود بدی نماند ومردمان بی مرك وپیری وبی نیاز باشند همچنین همیشه زنده باشند وهیچ بدی نماند وچهار پای ومرغ وماهی ایشانرا روان نبود ومینو چهار کونه باز ایشان پیوندد وبدان سبب ایشانرا حساب وشمار نیست که ایشان روان وفروهر ندارند ودلیل برین که مردم خرد دارد ودانش وراستی وبالائی وسخن کفتن بزبان وکارکردن بدست همه بدست روانست واکرنه همه جانوران ازین چهار طبایع بهره دارند پس مردم این همه بهر زیادت دارد وبسبب روان حساب وشمار مردم را بود ودیکر جانوران نه دارند وآنچه کفته آمد که آفریدن چه بود ومیرانیدن چیست وباز امید زنده کردن چراست بباید دانستن که آفریدن از سر رحمت وفضل وی بود ومیرانیدن بسبب این است که ماچون امشاسفندان بودی که نمردی آهرمن درما نتوانستی کیخت بدی وتاریکی وپلیدی وکندوی همیشه بماندی خون ما در کیخت ما می رنجاند ومی کشود ومی پندارد که ما را نیست می کند نمی داند که آن بدی خویش است که بر می اندازد میرانیدن است وزنده باز کردن بروی فریضه است بسبب آنکه ما بسیاری رنج کشیده ایم چه در کیتی چه در مینو پس فریضه باشد از

سر رحمت وکرم خویش که مارا زنده کند اکرچه که در میانه چیزی مرده نیست ولیکن پــراکنده جمله کند وشخص را بر انکـیزد وپاداش دهد از نیکوئیهای خویـش وآن بیست ویك نسك اوستا که میکویم اوستا زفان اورمزد است وزنـد زفان ما وپازند آنکه هرکسی بدانند که چه میکوید واین بیست ویك نسك اوستا وزند وپازند اینست که پیدا کنیم هفت نـسـك را زند وپازند اینست که یاد کردیم وهفت نسك را زند وپازند اینست که شایست ونا شایست وکن ومکن وکوی ومکوی وستان ومستان وخور ومخور وپاك وپلید وپوش ومپوش ومانند این اکر همه یاد کنم کتاب بنهایت رسد کوتاه کرفتم وهفت نسك را زنـــد وپازند طببی ونجوم است ودریــن معنی هم سخن بسیار اســـت میکویند که خورشید کرد زمین میکردد وبهر جا که خورشید می رود چون اینجا که ما ایم آسمان وستـارکانست خواه در زیر زمین وخواه در پهلوی زمین تواند بود که ما خود در زیر زمین ایم ومیکویم یا بالای زمین ایم ودر اوستا وزند چنین میکوید که هر مردم که بودند وآنچه اند وآنچه باشند همه بهشتی شوند وعقوبت روانـرا باشد وپیش از رستاخیز وشکفت تر اینکه فرزند بد پـرستـــان میفرســـتم ونیکی شـان می آموزیم واز بدی شان دور میکنم چون بنکری هنوز بدی بیش دانند که نیکی ونیکی هم در پیش خدای نیکوست وهم در پیش خلق بدی هم در پیش آفرید کار بد اسـت هم در پیش مردم ودر مردم نیکی وبدی است ودر کیتی نیکی وبدی اسـت ودر سپهر نیکی وبدی است ودر مینو بهشت ودوزخ است

وما

وما آفریدهٔ آفریدکار ایم وباز کشت همه بدوست واکر نبایستی آفریدکار نیافریدی ودرین بدی که نمی باید وهست ستری هست یا خرد ما بدان نمیرسد پس چون چنین است کار خدا بخدای میباید کذاشت وآنچه کفته است که می باید کرد بمی باید کرد وآنچه فرموده است که نمی باید کرد نمی باید کرد وآنچه کفته است که می اندیش بیندیشید وآنچه کفته است که نمی باید اندیشید نمی باید اندیشید وآنچه کفته است که کوی بکوی وآنچه کفته است که مکوی نباید کفت وآنچه کفته است خور میخور وآنچه فرموده است که مخور نباید خورد وآنچه کفته است که پوش میپوش وآنچه کفته است که مپوش نباید پوشید ومانند این شرط ما آنست که به بندکی مشغول باشم ودرود وآفرین بر پاکان ونیکان وره نمایان باد ایدون باد ، تمت

تمام شد کتاب علمای اسلام

نام

نام بیست ویک نسک از ایثا اهو ویریو

ایثا ستود یشت ، اهو ستودکر، ویریو وهشت مانثره، اثا بغ است ، رتوش دوازده هماست ، اشاد نادر، چید پاجم ، هچا رتشتای ، وکهیوش برش ، دزدا کشکسیره ، منکهو وشتاسپ شاه ، شیوتی نتام خشت ، اکهیوش سفند ، مزدای جرشت ، خشتریچا بغان یشت ، اهورای نیارم ، آ اسپارم ، یم دواسروجد ، دریغوبیبو اسکارم ، ددد وندیداد ، واستارم هادخت ۞ از روایت کامه بهره ، ودیکر از روایت نریمان هوشنك ، دیکر آنکه بخط پهلوی چنان روشن است که در ایثا اهو ویریو بیست ویك واجه است یعنی بیست ویك سخن ودر تحت هر سخن چندان معنی است ونیز عزیزانرا نیز معلوم است اوستا بیست ویك نسخ است ۞ نسخهء اوّل سی وسه صورت یعنی سی وسه کرده است ونامش ستود یشت یعنی سپاس کردن یزدان وسخن کتاب در بزرکواری یزدان وفرشتکان فرود آمده وفریضه کرد بر جملهء خلق را که تا این کتاب را از بر کنند وایئرا بدو جنس بر خوانند وهر دستور پاك نیرنك که اوستا وزند درست داند چون بسه بار درست بخواند فرشته پیش او فرود آیند ودرین شك نیست ۞ ونسخهء دوم نامش ستودکر است بیست ودو کرده است که فرو فرستاد باری سبحانه تعالی در نماز ونیکوئی وعمل وجاد نیکوی ووصلت دهند خویشانرا وسخنش در نصیحت خلق است ۞ نسخ سیوم نامش وهشت مانثره است

است وآن بیست ودو کرده است ومعنیش در اقرار آوردن دین
است در ایمان و پرهیزکاری در دین ودر نیت وصنعت زراتشت در این
کتاب یاد ونیکوی خلق وکارهای نیکویش از زراتشت وقصهٔ این کتاب
تا قیامت چنین بود ۞ چهارم نامش بغ است این کتاب بیست
ویك کرده است وتفسیرش در پرهیزکاری آنچه در دین است وشرح
باری سبحانه تعالی وآنچه واجب کرد خدای بر مردمان در طاعت
و پرهیزکاری ودر شریعت ونیکوئی در کارهای خیر وبستن راه شیطان
بر خویشتن ونزدیك شدن بسرای آخرت یعنی بآنجهان ۞ پنجم
نامش دوازده هاماست است وتفسیر این کتاب در امداد است
واین کتاب سی دو کرده است که باری سبحانه تعالی فرو فرستاد
در ذکر بدی خلق عالم علوی وعالم سفلی وصفت جمع آن وآنچه
حق سبحانه تعالی یاد کرد در آسمان وزمین وآب واورور وآتش
ومردم وچهارپای وچرنده وفرنده وآنچه بیافرید درمنفعت والات
آن ومثل این دیکر قیامت ورستخیز وصراط وکرد کردن وپراکنده
کردن وچکونکی احوال قیامت از نیك کرداران وبد کرداران بسنك
هر عمل که در نیك وبد کنند ۞ ششم نامش نادر است وان سی
وپنج سورت است که فرو فرستاده است وتفسیرش در معنی عالم
نجومست وهیات وحیوت فلك وصفت کواکب که کدام سعد
است وکدام نحس وترتیب این علوم وفعل هریك وآنچه در علوی
سخن کویند وآنچه بدین ماند واینرا جدا کردند از کتابی
که نامش در عرب بوفطال بود ودر علم نجوم وبپارسی نام آن
کتاب فواجسان ومعنی آن ومتاخران را بتعلیم این نوع بیشتر یاد
کرده

کرده اند ۞ هفتم نامش پاچم است واین کتاب بیست و دو کرده است که فرو فرستاد باری سبحانه تعالی در چهار پای که چون حلال باید کرد که کدام حلال است وکدام حرام که چون بکشند کدام است که چون بباید کشت بسوی کهنبار وآنچه در کهنبار که چون باید کرد وآنکس که ها گیرد خرج کهنبار چند مزد است چون هیربدان وردان و دستوران باید دادن وکسانی را که بی شك باشند وکه بگفتار وبعمل ونیت نیکو وکسانی که کهنبار خوانند وداناچه دریں کتاب است واین در همه خلق واجب است که اینرا بیاموزند وهمه را هم تا ایام فروردیان وهر کس که دانش دارد ثواب این بجوید وازمردم جاد نیکوی کند بسوی ارزانیان چون جامهٔ اشوداد تا بآخرت ثواب یابد از بهشت واین جامهٔ اشوداد بخویشان وارزانیان باید داد ۞ هشتم نامش رتشتای است واین پنجاه کرده است وچون بعد از سکندر طلب داشتند سیزده کرده بیش نیافتند واین در امر پادشاه وفرمانبرداری قضات وآنچه لازم آید در طلب داشتن وحکما وزاهدان ودر عمارت شهرها بیافرید وعزیز کرد پرنده وگوسفند سرده وماهی آنچه اورمزدی است ومرغان اورمزدی الادام آهرمنی وهمچنین کوه ودریا وزمین وامثال این ۞ نهم نامش برش است واین کتاب شصت کرده بود بعد از سکندر دوازده کرده بیش نیافتند واین در اخبار ملوك وقضات وتفحص عمل ایشان ورضای ایشان وچگونگی رعیت برعای وپادشاه بپادشاهی وقضات بقاضی وآنچه بدین ماند کارها که هر قومی را چو فرموده اند واختیار در صنعتها وچگونگی آن وآنچه مردمان دانند واز آن

فایده

فایده بود بجز کناههای مردمان و خیانت و دروغ کفتن وآنچه بدین ماند ۞ دهم نامش کشکسیره است و این کتاب شصت کرده است وبعد از نکبت سکندر پانزده کرده باز نیافتند تفسیرش در فضل و دانای وعقل طبعی از عقل اکتسابی یعنی عقل مادر زاد وعقل وتعلیم بیاموزند وانکه مردم را از پلیدی پاك کند عالم در پاکی وراست کوئی وچیزی که مردم را از بدی با نیکی آورد واز پلیدی با پاکی واین علم محلی بزرك دارد وآنکه بنزدیك پادشاهی ورعیت حرمت وشکوه زیادت شود همچنین چیزها که مردم را از آن منفعت باشد وآنچه دروغ کویند چکونه باشد نزدیك ملوك ورعیت ۞ یازدهم وشتاسپ شاه است وآن شصت کرده است بعد از نکبت اسکندر ده کرده پیش باز نیافتند سخن بارهٔ شاه کشتاسپ روا کردن دین است ودر دین زراتشت که بخواندن دین وداشتن ودر جهان روا کردن وهان پیش کرفت دین زراتشت ۞ دو از دهم نامش خشت است بیست ودو کرده است که فرو فرستاد در شش جزو ۞ جزو اول درمعرفت خدای عز وجل وایمان بهر زراتشت ۞ وجزو دوم در طاعت ملوك وراستی دین وقبول فرمانها ونهی ایشان ودست بداشتن از کارهای بد ۞ وجزو سیوم در وعدهٔ نیکوکاران وثواب ایشان وجرمکاران وعقوبت وبرستن از دوزخ ۞ جزو چهارم در عمارت دنیا وزراعت وپیراستن درخت چون شجر خرما وآنچه بدین ماند ورنج وقوت مردم وچهار پای از آن بود وفرمانبرداری کنند آن قوم را که پرهیزکاری منسوب باشند وآنچه بدین ماند وشریعت دین دستوران کار کنند ۞ جزو پنجم در مرتبت مردم وآن

وآن چهار مرتبت است مرتبت اوّل بزرك داشتن پادشاه ودیکر قضات وعلمای دین مرتبت دوم نکاه داشتن شهرها و نیست کردن دشمن مرتبت سیوم کتاب است وثناء برزیکران وعمارت شهرها مرتبت چهارم اهل تجارت وپیشه وران وبازار وباز دارندکان بفساد قیام نمایند وده یك دستوران وپادشاه ببایه دادن وبپای دارند نیایش وخیرات که کفته ایم وچون چنین کنند در آخرت مژدهای عظیم یابند ۞ سیزدهم نامش سفنداست وان شصت کرده است که فرو فرستاد در علم مردمان که بدان محتاج اند وبمعرفتهای آن کسانی که حریص بوند بر عمل نیکو وپس روی علما واهل دین کنند واز ایشان فایده کیرند ودر یاد کرد آن که فایده از روزکار از ایشان است واین کتاب یاد کردیم در احوال بدین مردم از زرتشت پیمبر وآنچه حصهٔ باری تعالی است بر دروغ کفتن خلق عالم ودر نیکوئی حال مردمان عالم وآنچه در معجزات زرتشت پدید آمد در ده سال که بهفت آواز که خوانند ۞ چهاردهم نامش جرشت است واین بیست ودو کرده است فرو فرستاد بدانستن سببهای مردمان که پدید کرد خلق را در شکم مادر بعد از شکلی آنچه آید که بعضی پیمبر وبعضی پادشاه وبعضی رعیت وآنچه بدین ماند ۞ پانزدهم نامش بغان یشت است این هفتده کرده است در مدح خلق باری سبحانه تعالی وفرشتکان مقرب او وشکر نعمت او وآنچه واجب کند در دین زیادت کند شکر نعمت او تا باز یابد درآخرت در شکل فرشتکان واین خاص است مذکر بایزد تعالی وبندکان عزیزترین که هریك چه زمان پیدا شوند وچه کار کنند

کنند تا قیامت ۞ شانزدهم نامش نیارم است وآن پنجاه وچهار کرده است تفسیرش در احکام مالها و بیرونها آوردن خانها حلال کرد از خدای تعالی و رستکاری یافتن از دوزخ وخدمت کردن وبندکی وچکونکی راه کذریان و هرکه خدمت کند ویاد کند مردم را وآنچه درمنش مردم است وآنچه در تن مردم است ۞ هفتدهم اسپارم است واین شصت وچهار کرده است که فرو فرستاد در نیرنجات آنکه در کتاب اهل دین و امتهان اهل خرج بدانند بدرستی وعقوبت فرمایند در دنیا تا در آخرت رستکاری یابند وآنچه حلال کنند وآنچه حرام کنند بدانند واحکام میراثها وحدود ایمان در چیزی که بکارند وآنچه بروینند ودر تدبیر مولود وآنچه واجب کند در حفظ وآنچه واجب کند در یاد کرد وآنچه در وقت ولادت چون باید کرد شرایط ۞ هجدهم نامش دواسروجد شصت و پنج کرده است تفسیرش آنکه در باب خیدیودث یعنی پیوند کردن بیکدیکر خویشان ونزدیکان ودر دان مردمان وچهار پایان وآنچه واجب کند که بدهند وعد آن در هر یکی از آن واجب کند از دزدی وترس و بریدن راهها وترسیدن رهکذری وآزردن زندان وآنچه بدین ماند ۞ نوزدهم نامش اسکارم است پنجاه ودو کرده است تفسیرش در بودن فرشکرد کرداری تا رستخیز تن پسین که مردمانرا زنده کردانیدن وآهرمن ودیوان نیست شدن وچکونکی آن در قضات وحکومات وتربیت احکام جستن ومعرفت حدها وقیاس آن در دیکر چیزها ۞ بیستم نامش وندیداد است وآن بیست ودو کرده است وتفسیرش از حذر کردن مردم از کارهای بد

واز

واز ابلیس حر ره سحره ولاتیه واتچه پس روی ایشان کنند جرم کار شوند وجرمش نکفته ایم در جملها جیز وپاکی وجمله شر وپلیدی وشرح ان یعنی از پلیدی وبدی وخاص از بزرکان ودیدن زن دشتان وامثال اینها که چه زیان ونقصان بخلق رسید ۞ بیست ویکم نامش هادخت است واین کتاب سی کرده است در چکونکی با هم آوردن وبسیار معجزات ونیکوئ ونظمها اوی وهرکه با پشت بهم خواند ابلیس ملعون ازوی دور شود واین کس نزدیک ایــزد نزدیک شود کناهها‌ش پاك شود ودرین کتاب ابلیس مـلـعـون بلعنت میشود ومقصود ازین نبشته آنکه این فقیران را چنین معلوم است که این کتابها درآنجانب هست وآن عزیزان نوشته بودند که درمیان ما کسی خط پهلوی نمیتواند خواندن معنی این نسخها درپهلویست وکسی که خط پهلوی نداند دستور رهیچ معجزهٔ دین نتواند نمــــــــــودن ۞

بعضی از کتاب شاهنامه ۞

بر تخت نشستن گشتاسب و پدید آمدن زردشت ۞

چو گشتاسب را داد لهراسب تخت   فرود آمد از تخت و بر بست رخت
ببلخ گزین شد بدان نوبهار   که آتش پرستان بدان روزگار
مران خانه را داشتندی چنان   که مر مکه را تازیان این زمان
در آن خانه شد مرد یزدان پرست   فرود آمد آنجا و هیکل ببست
نشست اندر آن خانه با آفرین   پرستش همیکرد رخ بر زمین
بپوشید جامه پرستش پلاس   خدارا بدین گونه باید سپاس
بیفکند یاره فروهشت موی   سوی داور دادگر کرد روی
همی بود سی سال پیشش بپای   بدینسان پرستید باید خدای
نیایش همی کرد خورشید را   چنان بوده بد راه جمشید را
چو گشتاسب برشد بتخت پدر   که فر پدر داشت و بخت پدر
بسر بر نهاد آن پدر داده تاج   چه زیبنده باشد برآزاده تاج
منم گفت یزدان پرستنده شاه   مرا ایزد پاک داد این کلاه
بدان داد مارا کلاه بزرگ   که بیرون کنیم از رهٔ میش گرگ
نداریم گیتی برآزاده تنگ   سوی دادمندان نیاریم جنگ
چو آیین شاهان بجای آوریم   بدانرا بدین خدای آوریم
یکی داد گسترد کز داد اوی   ابا گرگ میش آب خوردی بجوی
پس از نامور دختر قیصرا   که ناهید بد نام آن دخترا
کتایونش خواندی گرانمایه شاه   دو فرزندش آمد چو تابنده ماه
یکی نامور فرخ اسفندیار   شه کارزاری نبرده سوار
بشوتن دگر گرد شمشیر زن   شه نامداران لشکر شکن
چو گیتی بر آن شاه نو راست شد   فریدون دیگر همی خواست شد
گزیتش بدادند شاهان همه   ببستنش دل نیک خواهان همه
مگر شاه ارجاسب توران خدای   که دیوان بدندی به پیشش به پای

گزیتش

کزینش نپذرفت ونشنید پند   اکر پند نشنید ازو دید بند
ازو بستدی شاه هر سال باژ   چرا داد باید بهامال ساژ
چو یکچند کاهی بر آمد بر این   درختی پدید آمد اندر زمین
از ایوان کشتاسب تا پیش کاخ   درختی قوی کشت با یال وشاخ
همه برك او پند وبارش خرد   کسی کز چنو بر خوردکی مرد
خجسته پی ونام او زردهشت   که آهرمن بدکنش را بکشت
بشاهی جهان کفت پیغمبرم   ترا سوی یزدان همی رهبرم
یکی مجمر آتش بیاورد باز   بکفت از بهشت آوریدم براز
جهان آفرین کفت که بپذیر دین   نکه‌کن بدین آسمان وزمین
که بی خاك وآتش برآورده ام   نکه‌کن بدو تاش چون کرده ام
نکر تا تواند چنین کرد کس   مکر من که هستم جهاندار وپس
آرایدون که دانی که من کردم این   مرا خواند باید جهان آفرین
زکوینده بپذیر به دین اوی   بیاموز ازو راه وآیین اوی
نکر تا چه‌کوید بدان کار کن   خرد برکزین این جهان خوار کن
بیاموز آیین ودین بهی   که بی دین ناخوب باشد شهی
چو بشنید ازو شاه آن دین به   پذیرفت ازو راه وآیین به
نبرده برادرش فرخ زریر   کجا زنده پیل آوریدی بزیر
وشاهنشهٔ پیر کشته به بلخ   جهان بر دل ریش اوکشته تلخ
سران بزرکان هر کشوری   بزرکان دانا وهر کهتری
همه سوی شاه زمین آمدند   ببستند هیکل بدین آمدند
پدید آمد آن فرّهٔ ایزدی   بشد از دل بد سکالان بدی
پر از نور مینو ببد دخمها   از آلودکی پاك شد تخمها
پس آزاده کشتاسب بر شد بکاه   فرستاده هر سوی کشور سپاه
پراکند کرد جهان موبدان   بآیین نهاد آذرین کنبدان
نخست آذر مهر برزین نهاد   بکشور نکر تا چه آیین نهاد
یکی سرو آزاده بود از بهشت   به پیش در آذر اندر بکشت
نبشتش بران زاد سرو سهی   که پذرفت کشتاسب دین بهی
کوا کرد مر سرو آزاد را   چنین کستراند خدا داد را

چو چندین برآمد برین سالیان — ببالید سرو سهی همچنان
چنان گشت آزاده سرو بلند — که برکرد او بر نگشتی کمند
چو بالای اوگشت بسیار شاخ — بیفکند گردش یکی خوب کاخ
چهل رش ببالا و پهنا چهل — بکرد اندرش از بنه آب وگل
یك ایوان برآوردش از زر پاك — زمینش همه سیم وعنبرش خاك
برو بر نگارید جمشید را — پرستندهٔ ماه وخورشید را
فریدون ابا گرزهٔ گاوسار — بفرمود کردن برانجا نگار
همه مهترانرا بدانجا نگاشت — نگر تا چنین کامرانی که داشت
چو نیکو شد آن نامور کاخ زر — بدیوارها بر نهادش گهر
بگردش یکی بارهٔ آهنین — نشست اندرو کرد شاه زمین
فرستاد یکسو بگیتی پیام — که چون سرو کشمر بگیتی کدام
زمینو فرستاد زی من خدای — مرا گفت از آنجا بمینو گرای
کنون هرکه این پند من بشنود — پیاده سوی سرو کشمر رود
بگیرید یکسر رهٔ زردهشت — بسوی بت چین برارید پشت
بنام وفر شاه ایرانیان — ببندید کشتی همه بر میان
بآیین پیشینگان منگرید — بدین سایهٔ سرو او بغنوید
سوی گنبد آذر آرید روی — بفرمان پیغمبر راست گوی
پراکند فرمانش اندر جهان — سوی نامداران وسوی مهان
همه تاجداران بفرمان اوی — سوی سرو کشمر نهادند روی
پرستشکده گشت از آن سان بهشت — ببست اندرو دیو را زردهشت
بهشتیش خوان ار ندانی همی — چرا سرو کشمرش خوانی همی
چراکش نخوانی نهال بهشت — که چون سرو کشمر بگیتی که کشت
چو چندی برآمد برآن روزگار — بشد نزدش آن پیر آموزگار
بشاه جهان گفت زردشت پیر — که در دین ما این نباشد هژیر
که تو باژ بدهی بسالار چین — نه اندر خور دین ما باشد این
نباشم بدین نیز همداستان — که شاهان ما درگهٔ باستان
بهرگان ندادند کس باژ وساو — که اوگشت بی دین وبی زور وتاو
پذیرفت کشتاسب گفتا که نیز — نفرمایمش دادن این باژ وچیز
آگاه

آگاه یافتن ارجاسب از کار زردشت
ونامه فرستادن بنزدیك گشتاسب

پس آگاه شد نره دیوی از این   هم اندر زمان شد سوی شاه چین
بدو گفت کای شهریار جهان   جهان یکسره کهتران ومهان
بجای آوریدند فرمان تو   نتابد کسی سر زپیمان تو
مگر پور لهراسب گشتاسب شاه   که آرد همی سوی ترکان سپاه
بکرد اشکارا همه دشمنی   ابا تو چنان کرد یارد منی
ترا صد هزاران سواراست پیش   همه گر بخواهی بیارمت پیش
ابا تا شویم از پی کار اوی   نگر تا نترسی زپیکار اوی
چو ارجاسب بشنید گفتار دیو   فرود آمد ازگاه ترکان خدیو
از اندوه اوسست و بیمار شد   زشاه جهان پر زتیمار شد
نگهبان لشکرش را پیش خواند   شنیده همه پیش ایشان براند
که گشتاسب گشتست زآیین ودین   بشد فرّهٔ ایزد پاك ازین
یکی پیر پیش آمدش سرسری   بایران بدعوئ پیغمبری
همی گوید از آسمان آمدم   زنزد خدای جهان آمدم
خداوند را دیدم اندر بهشت   من این زند واستا همه زو نوشت
بدوزخ درون دیدم آهرمنا   نیارستمش گشت پیرامنا
پس آنکه خداوندم از بهر دین   فرستاد نزدیك شاه زمین
سر نامداران ایران سپاه   گرانمایه فرزند لهراسب شاه
که گشتاسب خوانندش ایرانیان   ببستش یکی کشتی اندر میان
برادرش نیز آن سوار دلیر   سپهدار ایران که نامش زریر
پذروانکه بود از دلیران اوی   چنموانکه بود از دبیران اوی
همه پیش او دین پژوه آمدند   وزآن پیر جادو ستوه آمدند
گرفتند ازو سر بسر دین اوی   جهان پر شد از راه وآیین اوی
نشست اندر ایران به پیغمبری   بکار چنین یاوه وسرسری
یکی نامه باید نوشتن کنون   سوی آن زده سر زفرمان برون
ببایدش دادن بسی خواسته   که نیکو بود داده نا خواسته

مرورا

مرورا بکفتن کزین کار زشت — بکرد وبترس از خدای بهشت
مران پیر ناپاك را دورکن — بر آیین ما بر یکی سورکن
کرایدونکه بپذیرد این پند ما — نساید سر وپای او بند ما
ورایدونکه نپذیرد از ما سخن — کند سوی ما تازه روی کهن
سپاه پراکنده باز آوریم — یکی خوب لشکر بهامون بریم
بایران شویم از پی کار اوی — بترسیم زآزار وپیکار اوی
برانیمش از پیش وخوارش کنیم — ببندیم وزنده بدارش کنیم
برین استادند کردان چین — دو تن پیش کردند ازیشان کزین
یکی نام او بیدرفش بزرك — کوی پیر جادو ستون سترك
دکر جادوی نام او نامخواست — که هرکز دلش جز تباهی نخواست
یکی نامه بنوشت خوب وهژیر — سوی نامور خسرو دین پذیر
نوشتش بنام خدای جهان — شناسندهٔ آشکار ونهان
نبشتم یکی نامهٔ شاهوار — بنزدیك سالار ایران سوار
سوی کرد کشتاسب شاه زمین — سزاوار کاه آن کی بآفرین
خداوند کیتی نکهدار کاه — کزین ومهین پور لهراسب شاه
از ارجاسب سالار کردان چین — سوار سرافراز کرد زمین
نبشت اندر این نامهٔ خسروی — نکو آفرین وخط پهلوی
کای نامور شهریار جهان — فروزندهٔ تاج شاهنشهان
سرت سبز باد وتن وجان درست — مبادت کیانی کمرکاه سست
شنیدم که راهی کرفتی تباه — مرا روز روشن بکردی سیاه
بیامد یکی پیر مهتر فریب — ترا دل پر از بیم کرد ونهیب
سخن کفتن از دوزخ واز بهشت — بدلت اندرون هیچ شادی نهشت
تو اورا پذیرفتی ودینش را — بیاراستی راه وآیینش را
بیفکندی آیین شاهان خویش — بزرکان کیتی که بودند پیش
تبه کردی آن پهلوی کیش را — چرا ننکریدی پس وپیش را
تو فرزند آنی که فرخنده شاه — بدو داد تاج از میان سپاه
برارندهٔ اورمزد مهین — نکارندهٔ آسمان وزمین
ترا برکزید از کزینان خویش — زجمشیدیان فرّ تو داشت پیش

چنان

چنان هم که کیخسرو کینه جوی / ترا بیش بود از کیان آبروی
بزرگی وشاهی وفرخندگی / توانای وفرّ وزیبندگی
درفشان وپیلان آراسته / بس لشکر وگنج ناکاسته
همه بودت ای مهتر شهریار / همه مهتران مر ترا خواستار
همی تافتی بر جهان یکسره / چو اردیبهشت آفتاب از بره
زگیتی ترا برگزیده خدای / مهانت همه پیش بوده بپای
نکردی خدای جهانرا سپاس / نبودی تو بی ره بدین ره شناس
از آن پس که ایزد ترا شاه کرد / یکی پیر جادوت بی راه کرد
چو آگاه آن کار زی من رسید / بروز سپیدم ستاره بدید
نبشتم یکی نامه دوستوار / که هم دوست بودمت وهم نیك یار
چو نامه بخوانی سر وتن بشوی / فریبنده را نیز منمای روی
مران بند را از میان بازکن / بشادی می روشن اغازکن
میفکن تو آیین شاهان خویش / بزرگان گیتی که بودند پیش
ورایدونکه بپذیری این نیك پند / زترکان ترا نیز ناید گزند
زمین کشانی وتوران وچین / ترا باشد این همچو ایران زمین
بتو بخشم این بی کران گنجها / که آورده کردم بسا رنجها
نکو رنك اسپان با سیم وزر / باستامها بر نشانده گهر
غلامان فرستمت با خواسته / نگاران با جعد پیراسته
ورایدونك نپذیری این پند من / بپایت رسد آهنین بند من
بیایم پس نامه تا یك دو ماه / کنم کشورت را سراسر تباه
بیارم سپاهی زترکان چین / که بنگاه شان بر نتابد زمین
بینبارم این رود جیحون بمشك / زمشك آب دریا کنم پاك خشك
بسوزم نگاریدهٔ کاخ ترا / زبن برکنم بیخ وشاخ ترا
زمین تان سراسر بسوزم همه / کفن تان بناوك بدوزم همه
از ایرانیان هرکه مردان پیر / کشان بند کردن نباشد هژیر
وازایشان نیابد فزونی بها / کنم شان همه سر زگردن جدا
زن وکودکانشان بیارم زپیش / کنم شان همه بندهٔ شهر خویش
زمین شان همه پاك ویران کنم / زبیخ آن درختان همه برکنم

بگفتم

بکفتم همه کفتنی سر بسر　　تو ژرف اندر این پند نامه نکر
چو پرداخت آن نامه دستور شاه　　زپیش همه مهتران سپاه
فرازش نوردید وکردش نشان　　بدادش بدان جادو بد نشان
بفرمود شان کفت بخرد بوید　　بایوان او باهم اندر شوید
چو اورا به بینید بر تخت وکاه　　کنید آن زمان خویش نزدش دو تاه
بر آیین شاهان نمازش برید　　بتاج وکیٔ تخت او منکرید
چو هر دو نشینید در پیش اوی　　سوی تاج تابنده دارید روی
بکیرید پیغام فرخ مرا　　ازوکوش دارید پاسخ مرا
چو پاسخش را سر بسر بشنوید　　زمین را ببوسید وبیرون شوید
شد از پیش اوکینه ور بیدرفش　　سوی بلخ نامی کشیدش درفش
ابا یار خود خیره سر نامخواست　　کزو بفکند آن نکوا نامخواست
چو از شهر توران ببلخ آمدند　　بدرکاه او بر پیاده شدند
پیاده بزفتند تا پیش اوی　　برآن استانه نهادند روی
چو رویش بدیدند برکاه بر　　چو خورشید تابنده بر جاه بر
نیایش نمودند چون بندکان　　بپیش کی آن شاه فرخندکان
بدادند آن نامهٔ خسروی　　نبشته برو در خط پهلوی

خواندن کشتاسب نامهٔ ارجاسب را ۞

چو شاه جهان نامه را بازکرد　　برآشفت وپیچیدن آغازکرد
بخواند آن کرانمایه جاماسب را　　کجا رهنمون بود کشتاسب را
کزینان ایران واسپهبدان　　مهان جهان دیده وموبدان
بخواند آن همه موبدان پیش خویش　　که استا وزند آوریدند پیش
بیمبرش را خواند وموبدش را　　زریر کزیده سپهبدش را
زریر سپهبد برادرش بود　　که سالار کردان لشکرش بود
جهان پهلوان بود آن روزکار　　که کودك بد اسفندیار سوار
پناه جهان بود وپشت سپاه　　سپهدار لشکر بکردار شاه
جهان از بدان وبزه او داشتی　　برزم اندرون نیزه او داشتی
جهاندار کفت آنکهی با زریر　　بفرخنده جاماسب پیر دلیر

که

که ارجاسب سالار ترکان چنین — یکی نامه کردست زی من چنین
بدیشان نمود آن سخنهای زشت — کجا شاه ترکان سوی او نوشت
چه بینید گفتا بدین اندرون — بگوبید کین را سرانجام چون
چه ناخوش بود دوستی با کسی — که بهره ندارد زدانش بسی
من از تخمهٔ ایرج پاک زاد — وی از تخمهٔ تور جادو نژاد
چگونه بود در میان آشتی — ولیکن مرا بود پنداشتی
کسی کش بود راه نیکو بسی — سخن گفت بایدش با هرکسی
همانکه چوگفت آن سخن شهریار — زریر سپهدار و اسفندیار
کشیدند شمشیر وگفتند اگر — کمی باشد اندر جهان سربسر
که نپسندد راه پیغمبری — سر اندر نیارد به فرمانبری
نیاید بدرگاه فرخنده شاه — نبندد میان پیش رخشنده گاه
نگیرد ازو راه ودین بهی — مرین دین بهرا نباشد رهی
بشمشیر جان از برش برکنیم — سرش را بدار برین بر زنیم
سپهدار ایران که نامش زریر — نبرده سوار ودمنده چو شیر
بشاه جهان گفت که ای نامدار — که دستور باشد مرا شهریار
که پاسخ کنم جادو ارجاسب را — پسند آمدش شاه گشتاسب را
هلا گفت رو زود پاسخش کن — نکال تکینان خلخش کن
زپیشش برفتند هر سه بهم — شده رخ پر از کین ودل پر زغم
نبشتند نامه بارجاسب زشت — هم اندر خور آن کجا او نبشت
زریر سپهبد گرفتش بدست — چنان هم گشاده ببردش بدست
بر شاه برد وبرو بر بخواند — جهاندار گشتاسب خیره بماند
زدانا سپهبد زریر سوار — زجاماسب وز پورش اسفندیار
ببست ونوشت از برش نام خویش — فرستادگانرا بخوانند پیش
بگیرید گفتا بر او برید — دگر زین سپس راه من نسپرید
اگر نیستی اندر استا وزند — فرستاده را زینهار از گزند
ازین خواب بیدار تان کردمی — همه زنده بردار تان کردمی
چنین تا بدانستی آن نابکار — که گردن نیارد بر شهریار
بینداخت نامه وگفتا گرید — مرین را سوی ترک جادو برید

بگوییه

بگوییم هوشت فراز آمدست / بآب و بخاکت نیاز آمدست
زده باد گردنت وخسته میان / بخاک اندرون ریخته استخوان
برین ماه ارایدونك خواهد خدای / بپوشم برزم آهنینه قبای
بتوران زمین اندر آرم سپاه / کنم کشور کرکساران تباه
سخن چون بسر برد شاه زمین / سپه پیل را خواند کردان چین
سپردش بدو کفت بردار شان / از ایران زمین نیز بگذار شان
فرستادکان سپهدار چین / زپیش جهاندار شاه زمین
برفتند هردو شده خاکسار / جهاندار شان رانده وکرده خوار
از آن بلخ فرخ بخلّخ شدند / ولیکن بخلّخ نه فرخ شدند
چو از دور دیدند ایوان شاه / زده بر سرش بر درفش سیاه
فرود آمدند از جمنده ستور / شکسته دل وچشمها کشته کور
بیاده برفتند تا پیش اوی / سیه پاکشان جامه وزرد روی
بدادند آن نامهٔ شهریار / بپاسخ نوشته دبیر سوار
بفرمود خواندن دبیرانش را / زتوران جوانان وپیرانش را
دبیرانش را کفت نامه نخست / سراسر بخوانید بر من درست
دبیرش مر آن نامه را برکشاد / بخواندش بران شاه بیغو نژاد
نوشته در آن نامهٔ شهریار / سر آهنك ایران نبرده سوار
پسر شاه لهراسب کشتاسب شاه / نکهدار کیتی سزاوار کاه
بیمبر فرستاد زی او خدای / مهانش همه پیش کرده بپای
بارجاسب ترکان پلید سترك / کجا پیکرش پیکر شیر وکرك
زده سر زآیین ودین بهی / رسیده بدل کژی وکمرهی
رسید آن نوشته فرومایه وار / که بنوشته بودی بر شهریار
شنیدیم ما آن سخنها کجا / نبودی تو مر کفتنش را سزا
نه بنوشتنی بد نه بنمودنی / نه بر خواندنی بد نه اشنودنی
چنین کفته بودی که تا چندکاه / سوی کشور خرم آرم سپاه
نه تا چند ماه ونه تا روزکار / که تا خود بیارم شیران کار
تو بر خویشتن بر میفزای رنج / که ما خود کشادیم درهای کنج
بیاریم کردان هزاران هزار / همه شیر مردان نیزه کزار

همه

همه ایرج زادهٔ پهلوی   نه افراسیابی ونه بیغوی
همه ماه چهره همه شاه روی   همه سرو بالا همه راست گوی
همه نیزه داران شمشیر زن   همه لشکر انگیز لشکر شکن
همه دین پذیر وهمه هوشیار   همه از در یاره وگوشوار
همه نیزه بر دست وباره بزین   نوشته همه نام من بر نگین
چو دانند کم کوس بر پیل بست   سم اسپ ایشان کند کوه پست
چو جوشن بپوشند روز نبرد   زچرخ برین برگذارند گرد
بزین اندرون گشته چون کوه تخت   کند تیغ شان کوه را لخت لخت
از ایشان گزیده دو گرد سوار   زریر سپهدار واسفندیار
چو ایشان بپوشند از آهن قبای   بچنگ سپهر اندر آرند پای
چو برگردن آرند کوبنده گرز   همی تابد از گرز شان فر وبرز
چو ایشان بیایند پیش سپاه   ترا کرد باید بایشان نگاه
بخورشید مانند با تاج وتخت   همی تابد از چهر شان فر وبخت
گزیده گوانند واسپهبدان   ستوده پسندیده وموبدان
تو جیحون مینبار هرگز بمشک   که من خود کشایم در گنج خشک
بروز نبرد ار بخواهد خدای   برزم اندر آرم سرت زیر پای
چو سالار ترکان چنین نامه خواند   فرود آمد از تخت وخیره بماند
سپهبدش را گفت فردا بگاه   بخوان از همه پادشاهی سپاه
تگینان لشکر گزینان چین   برفتند یکسر بدوران زمین
برادر بد اورا دو اهرمنا   یکی گهرم ودیگر اندریما
همه باز خواند لشکر شرا   سر مرزداران کشورش را
بفرمود شان تا نبرده سوار   گزیدند گردان لشکر هزار
بدادند شان کوس وپیل درفش   بیاراسته سرخ وزرد ونفش
بدیشان ببخشید سیصد هزار   زگردان گزیده نبرده سوار
در گنج بگشاد وروزی بداد   بزد ناو وکوس وبنه برنهاد

باز آمدن کشتاسب بایران و فرستادن زند بهر کشور

کیِ نامور کرد کشتاسب شاه   سوی بلخ باز آمد از رزمگاه
بنستور کفتش که فردا بگاه   سوی کشور نامور کش سپاه
بیآمد سپهبد هم از بامداد   بردکوس و لشکر بنه بر نهاد
بایران زمین باز کردند روی   همه خیره دل کشته از جنك جوی
همه کشتکانرا ببردند نیز   نهشتند از آن خستکان هیچ چیز
بایران زمین باز بردند شان   بدانا بزشکان سپردند شان
چو شاه جهان باز شد بازجای   ببور مهین داد فرخ همای
دکر را بنستور فرخنده داد   عجم را چنین بود آیین و داد
بدادش از آزادکان ده هزار   سواران جنکی و نیزه کذار
بفرمود کفت ای کو نیزه باز   یکی باز شو سوی ترکان بناز
باطراف خلّخ یکی بر کذر   بکش هر که یابی بخون پدر
بدو هر چه بایست بدان رزمکار   بدادش همه بی مر و بی شمار
همانکاه بنستور داد آن سپاه   چو شاه جهان از بر تخت وکاه
نشست و کیِ تاج بر سر نهاد   سپه را همه سربسر بار داد
در کنج بکشاد واز خواسته   سپه را همه کرد آراسته
سرانرا همه شهرها داد نیز   کسی را نبکذاشت نا داده چیز
کرا پادشاهی سزایه بداد   کرا پایه بایست پایه نهاد
چو اندر خور کار شان داد ساز   سوی خانها شان فرستاد باز
خرامید بر کاه و باره ببست   بکاه شهنشهی اندر نشست
بفرمود تا آذر آفروختند   برو عود هندی همی سوختند
زمینش بکردند از زر پاك   همه هیزمش عود و عمبرش خاك
همه کار اورا باندام کرد   مر آن خانه کشتاسبی نام کرد
بفرمود تا بر در کنبدش   نهادند جاماسب را موبدش
سوی کار دانانش نامه نبشت   که مارا خداوند یاوه نهشت
شبان شده تیره مان روز کرد   ابر دشمنان جمله بیروز کرد
بنفرین شد ارجاسب و ما بآفرین   که کردی چنین جز جهان آفرین

چو

چو پرویزی شاهنان بشنوید   کزیتی بآذر پرستان دهید
چو آکاه شد قیصر آن شاه روم   که فرخ شد آن شاه وارجاسب شوم
فرسته فرستاد با خواسته   غلامان واسبان آراسته
شهٔ بت پرستان وشاهان هند   کزینش بدادند وشاهان سند
کونام بردار آن روزکار   نشست از بر کاه آن شهریار
کزینان کشورش را بار داد   بزرکان وشاهان مهتر نژاد
به پیش اندر آمد کو اسفندیار   بدست اندرون کرزهٔ کاوسار
نهاده بسر بر کیانه کلاه   بزیر کلاهش همیتافت ماه
بیستاد در پیش او بنده وش   سر افکنده ودست کرده بکش
چو شاه جهان روی او را بدید   بجای جهانش بدل بر کزید
بخندید وکفت ای یل اسفندیار   همی آرزو آیدت کارزار
یل تیغ زن کفت فرمان تراست   که تو شهریاری وایران تراست
کی نامور تاج زرینش داد   درکنجهارا بدو بر کشاد
همه کار ایران مر اورا سپرد   که اورا بدی پهلوی دستبرد
درفشی بدو داد وکنج وسپاه   هنوزت نشد کفت هنکام کاه
برو پای کردان بزین اندر آر   همه کشورانت بدین اندر آر
بشد تیغ زن کرد کش پور شاه   بکرد همه کشوران با سپاه
بروم وبهندوستان دربکشت   ودریا وتاریکی اندر کذشت
وزانجا بنزد الان راند شاه   ابا کوس وبا لشکر کینه خواه
چو نزد الان شد کو اسفندیار   بفرمود تا آمدند نامدار
فرود آرد آنجا یکه لشکری   ابا نامداران هر کشوری
کزارش همی کرد اسفندیار   بفرمان یزدان همی بست کار
چو آکه شد از نیکویٔ دین او   کرفتند ازو دین وآیین او
شهٔ روم وهندوستان ویمن   همه نامه کردند زی تهمتن
مرین دین به را بیاراستند   ازین دین کزارش همی خواستند
بتان را سراسر همی سوختند   بجای بتان آتش افروختند
همه نامه کردند با شهریار   که ما دین کرفتیم زی اسفندیار
ببستیم کشتی چو ما راست ساز   کنونت نشاید زما خواست باز

که

که ما راست گشتیم و یزدان پرست — کنون زند زردشت زی ما فرست
چو آن نامهٔ شهریاران بخواند — نشست از برگاه و یاران بخواند
فرستاد زندی بهر کشوری — بهر نامداری و هر مهتری
بفرمود تا نامور پهلوان — همی گشت در چار گوشه جهان
بهر جا کجا شاه بنهاد روی — نیامد نبرده کسی پیش اوی
همه خود اورا بفرمان شدند — بدان از جهان پاک پنهان شدند
چو گیتی همه راست شد بر پدرش — گشاد از میان پاک زرین کمرش
کی وار بنشست بر تخت و گاه — بیاسود یکچند که با سپاه
برادرش را خواند فرشید ورد — سپاهی برون کرد مردان مرد
بدو داد دینار و گوهر بسی — خراسان بدو داد و کردش کسی

رفتن گشتاسب بزابلستان ٩

نیامد بسی روزگاران بروی — که خسرو سوی سیستان کرد روی
که آنجا کند زند و استا روا — کند موبدانرا بر آن بر گوا
چو آنجا رسید آن گرانمایه شاه — پذیره شد آن پهلوان سپاه
شهٔ نیمروز آنکه رستمش نام — سواری جهاندیده همتای سام
ابا پیر دستان که بودش پدر — ابا مهتران و گزینان در
پذیره بیاورد رامشگران — ابا رودها از کران تا کران
بشادی پذیره شدندش براه — از آن شادمان گشت فرخنده شاه
بزابلش بردند مهمان خویش — پسش بنده وار ایستادند پیش
تا استا و گشتی بیاموختند — ببستند و آذر بر افروختند
بر آمد برین روزگار دو سال — که می خورد گشتاسب با پور زال
بهر جا کجا شهریاران بدند — از آن کار گشتاسب آگه شدند
که او پهلوان جهانرا ببست — تن پیلوارش بآهن بخست
به زابلستان شد به پیغمبری — که نفرین کند بر بت آذری
بکشتند یکسر ز فرمان اوی — بهم بر شکستند پیمان اوی

چو

چو آگاهی آمد به بهمن که شاه   ببست آن گرانمایه را بی گناه
سپه را همه داشتند دست باز   پس اندر گرفتند راه دراز
نبرده گزینان اسفندیار   از آنجا برفتند بیمار و زار
بپیش گو اسفندیار آمدند   کیان زادگان شیروار آمدند
پدر را برامش همی داشتند   بزندانش تنها نبگذاشتند
پس آگاهی آمد بسالار چین   که ماه از گمان اندر آمد بکین
بر آشفت خسرو بر اسفندیار   بزندان و بندش فرستاد خوار
خود از بلخ زی زابلستان کشید   بیابان گذارید وجیحون برید
بزابل نشستست مهمان زال   برین روزگاران برآمد دوسال
ببلخ اندرون جز که لهراسب شاه   نماندست از ایرانیان سپاه
مگر هفتصد مرد آذر پرست   همه پیش آذر برآورده دست
جز اینها ببلخ اندرون نیست کس   از آهنگداران همینند بس
مگر باسبانان کاخ همای   هلا زود بر خیز چندین مپای
مهانرا همه خواند شاه چگل   ابر جنگ لهراسب شان داد دل
بدانید گفتا که گشتاسب شاه   سوی زابلستان سپردست راه
بزابل نشستست با لشکرش   سواری نه اندر همه کشورش
کنون است هنگام کین خواستن   بباید بسیجیدن آراستن
پسرش آن گرانمایه اسفندیار   به بند گران است و بد روزگار
کدام است مردی پژوهنده راز   که پیماید این ژرف راه دراز
نداند بهیچ ره و بی ره شود   از ایرانیان یکسر آگه شود
یکی جادوی بود نامش ستوه   گزارنده راه و نهفته پژوه
منم گفت آهسته و راه جوی   چه باید کنون هر چه خواهی بگوی
شهٔ چین بگفتش که ایران خرام   نگهبانش بنگر که چند و کدام
پژوهندهٔ راز بیموده راه   ببلخ گزین شد کجا کاخ شاه
ندید اندرو شاه گشتاسب را   پرستندگان دید و لهراسب را
تهی دید بلخ از گو اسفندیار   زشادی رخش تازه شد چون بهار
بشد دیده را پیش خاقان بگفت   برخ پیش او مر زمین را برفت
که گشتاسب رفتست بلشکر همه   تهی کرد از مرد کشور همه

جز

جز آذر پرستان ندیدم کسی — بکشتم ببلخ اندرون من بسی
سراسر سخن پیش مهتر بگفت — چنان چون بدانست اندر نهفت
چو ارجاسب آگاه شد شاد گشت — واز اندوه دیرینه آزاد گشت
سواران همه خواند وگفتا روید — سپاه براکنده باز آورید
برفتند گردان لشکر همه — بکوه وبیابان وجای رمه
بدو باز خواندند لشکرشرا — گزیده سواران کشورش را

تاختن آوردن ارجاسب بایران زمین

چو ارجاسب آگه شد از کار شاه — که هست او سوی سیستان با سپاه
بفرمود تا کهرم تیغ زن — بود پیش سالار چین انجمن
که ارجاسب را بود مهتر پسر — بخورشید تابان برآورده سر
بدو گفت بگزین زلشکر سوار — زگردان شایسته مرد هزار
از ایدر یکی تاختن کن ببلخ — که از بلخ شد روزما تار وتلخ
نگر تا کرا بینی از دشمنان — از آتش پرستان آهرمنان
سرانشان ببر خانها شان بسوز — شب آور بریشان برخشنده روز
از ایوان گشتاسب باید که دود — زبانه برآورد بچرخ کبود
اگر بند بر پای اسفندیار — به بینی سرآور برو روز کار
همانکه سرشرا زتن باز کن — زنام تو گیتی بر آواز کن
همه شهر ایران بکام تو گشت — تو تیغی ودشمن نبام تو گشت
من آکنون زخلخ باندک زمان — بیایم دمادم پس اندر دمان
بخوانم سپاه براکنده را — برافشانم این گنج اکنده را
بدو گفت کهرم که فرمان کنم — بگفتار تو جان گروگان کنم
چو خورشید تیغ ازمیان برکشید — شب تیره زو دامن اندرکشید
بیاورد کهرم بایران سپاه — زمین گشت چون روی زنگی سیاه
چو آمد بدین مرز بکشاد دست — کسی را که دیدی همی کرد پست
چو ترکان رسیدند نزدیک بلخ — کشاده زبانها بگفتار تلخ
همه دل زنیکی به بپراستند — بتاراج کشتن بیاراستند

زکهرم

زکهرم چو لهراسب آگاه شد غمی کشت وبا رنج همراه شد
بیزدان چنین کفت کای کردکار توپی برتر از کردش روز کار
توانا ودانا وبخشنده خداوند خورشید رخشنده
نکهدار در سرتن وتوش من همان نیز بینا دل وهوش من
که من بنده بر دست ایشان تباه نکردم نه از بیم فریاد خواه
ببلخ اندرون نامداری نبود وزان کرزداران سواری نبود
بیامد زبازار مردی هزار چنان چون بود باز در کارزار
چو توران سپاه اندر آمد بتنك بپوشید لهراسب خفتان جنك
زجای پرستش بیاورد کاه بشد بر نهاده کیانی کلاه
بیامد بغرید چون پیل مست یکی کرزهٔ کاو پیکر بدست
بهر حملهٔ جادوان زان سران زمین را سپردی بکرزکاران
همی کفت هر کس که این نامدار ندارد مکر زخم اسفندیار
بهر سو که باره برانکیختی همی خاك با خون برامیختی
هر آن کوش که آواز او یافتی بتنش اندرون زهره بشکافتی
بترکان چنین کفت کهرم که جنك مسازید با او یکایك بجنك
بکوشید اندر میان آورید خروش هزبر زیان آورید
بکردند چون آن بفرمود شان چنان هم که او راه بنمود شان
برآمد چکاچك زخم تبر خروش سواران بر خاشخر
چو لهراسب اندر میانه بماند به بیچارکی نام یزدان بخواند
زپیری واز تابش آفتاب غمی کشت بخت اندر آمد بخواب
جهاندیده از تیر ترکان بخست نکونسار شد مرد یزدان پرست
بخاك اندر آمد سر نامدار برو انجمن شد فراوان سوار
بکردند چاك آن کیی جوشنش بشمشیر شد باره باره تنش
همی نو سواریش بنداشتند چو خود از بر شاه برداشتند
بدیدند رخ و چو کافور موی واز آمن سپاه آن بهشتیش روی
بماندند یکسر ازو در شکفت که این پیر شمشیر چون برکرفت
که کر این یل اسفندیار آمدی سپه را بدین دست کار آمدی
بدین اندکی ما جرا آمدیم همه با کله در جرا آمدیم

بترکان

بترکان چنین گفت گهرم که کار — همین بود مان رنج در کارزار
که این نامور شاه لهراسب است — پسندیده و باب گشتاسب است
شهنشاه از فرّ یزدان بود — همه کار او زرم جوکان بود
چنین پیر کین خود پرستنده بود — دل از تخت و از تاج برکنده بود
کنون پشت گشتاسب زو شد تهی — بپیچید زدیهیم شاهنشهی
وزان پس ببلخ اندر آمد سپاه — جهان شد زتاراج و کشتن سیاه
نهادند سر سوی آتش کده — بدان کاخ ایوان زر آزده
همان زند و استا بر افروختند — همه کاخ و ایوان همی سوختند
ورا هیربد بود هشتاد مرد — زبانشان زیزدان بر آزاد کرد
همه پیش آذر بکشتند شان — رهٔ بندگی را نوشتند شان
زخونشان بمرد آتش زردهشت — ندانم که این هیربد را بکشت

CONTENU.

dans le Zaboulistan, où il introduit sa croyance, et du dessein formé par Ardjasp de mettre à profit l'absence du roi et la captivité d'Isfendiar pour détruire Balkh.

Quatrième fragment, pages 32-34 : invasion d'Ardjasp dans l'Iran, destruction de Balkh, mort de Lohrasp, et massacre des prêtres du nouveau culte, dont le sang éteint le feu sacré. C'est ici que, selon quelques-uns, Zoroastre fut tué.

Les trois premiers de ces fragmens paraissent avoir fait partie du poëme de Dakiki, que Ferdousi avait inséré dans le *Schahnameh;* le dernier est de Ferdousi. On s'est servi des manuscrits de la Bibliothèque du Roi n°s 229 et 278, fonds d'Anquetil n° 79, et manusc. de Saint-Julien, et de quatre autres qui appartiennent à l'éditeur. Malgré le grand nombre de variantes que ces manuscrits lui ont données, il lui est resté des doutes sur quelques vers. Quant aux principes de critique qui l'ont guidé dans le choix des leçons, il se propose de les exposer ailleurs plus en détail qu'il ne pourrait le faire en cette occasion : il se borne à donner ici l'assurance qu'il ne s'est jamais permis de substituer ses hypothèses à l'autorité des manuscrits.

Paris, 20 octobre 1829.

Jules MOHL.

d'après les deux manuscrits de la Bibliothèque du Roi, fonds d'Anquetil, n° 6, et supplément au fonds d'Anquetil, n° 13.

Le second morceau, p. 11-17, est la notice des vingt et un Nosks ou livres dont se composait le *Zend-Avesta,* qui renferme les seules données qui nous restent sur le contenu des livres perdus. Il en existe plusieurs rédactions, dont une a été traduite par Anquetil, et publiée, avec la transcription du texte en caractères latins, dans les *Mémoires de l'Académie des inscriptions et belles-lettres,* t. XXXVIII, p. 239-254. La rédaction qu'on a suivie ici est un peu plus complète : elle est prise dans *le grand Ravaet,* supplément du fonds d'Anquetil, n° 13, p. 72 sq. On s'est servi des autres pour la critique du texte, qui est très-corrompu.

Le troisième morceau, pag. 18-34, se compose des fragmens du *Schahnameh* qui ont rapport à Zoroastre et à l'établissement de sa religion. C'est le plus ancien récit de ces événemens que la littérature persane nous offre, et c'est à ce titre qu'on a cru utile de le donner.

Le premier fragment, pag. 18-27, renferme l'abdication de Lohrasp et sa retraite à Balkh, qui était alors la ville sainte; l'avénement au trône de Gustasp; l'apparition de Zoroastre; la conversion de l'Iran à la nouvelle doctrine; l'établissement des temples; l'opposition d'Ardjasp, roi de Touran, qui veut forcer Gustasp à rester fidèle aux anciennes croyances, et la déclaration de guerre que lui fit Gustasp à cette occasion. Quelques morceaux de ce texte ont été imprimés par Kirkpatrik dans l'*Asiatic Miscellany* (Calcutta, 1792).

Le second fragment, pag. 28-30, contient le retour de Gustasp dans l'Iran après la défaite d'Ardjasp, les efforts qu'il fait pour répandre par-tout la religion de Zoroastre, et l'expédition d'Isfendiar entreprise dans le même but.

Le troisième fragment, p. 30-32, parle du séjour de Gustasp

PRÉFACE.

M. Olshausen de Kiel et l'éditeur de ces feuilles avaient conçu le projet de former une collection de tout ce qui, dans la littérature persane, se rapporte à la religion de Zoroastre et à son histoire. Il leur avait paru que ces restes de la littérature des Guèbres formaient un ensemble distinct, dont la publication pourrait contribuer à la connaissance d'une partie de l'histoire qu'on a trop peu approfondie. Mais des circonstances dont il serait inutile de faire mention ici, ayant ajourné, au moins pour quelque temps, l'exécution de leur projet, l'éditeur a pensé que les morceaux qui étaient prêts et qui devaient former le texte de la première livraison, avaient assez d'intérêt pour pouvoir paraître à part : ils sont au nombre de trois, dont les deux premiers sont publiés par M. Olshausen, et le dernier par son collaborateur.

Le premier, p. 1-10, est l'*Oulemaï-Islam*, connu par l'usage qu'Anquetil en a fait sous le titre d'*Eulma-Islam*. C'est un abrégé de la doctrine des Guèbres, sous la forme de questions faites par des docteurs musulmans et de réponses données par les Parsis. L'auteur du livre et l'époque de sa composition sont inconnus ; le texte paraît avoir des lacunes, sur-tout p. 6, où M. Olshausen a pris soin d'en indiquer une. Il serait à desirer qu'on vérifiât si les autres manuscrits (comme, par exemple, celui qu'Anquetil a vu dans la collection Fraser) ne donnent pas le moyen de compléter ce traité intéressant, qui contient des indications qu'on ne trouve nulle part ailleurs, sur-tout sur les doctrines des sectes guèbres, dont il nous reste si peu de traces. Le texte est publié

FRAGMENS

RELATIFS

A LA RELIGION

DE

ZOROASTRE,

EXTRAITS DES MANUSCRITS PERSANS
DE LA BIBLIOTHÈQUE DU ROI.

PARIS.

IMPRIMÉ, PAR AUTORISATION DE MGR LE GARDE DES SCEAUX,
A L'IMPRIMERIE ROYALE.

M. DCCC. XXIX.

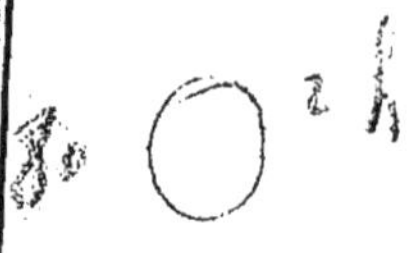

SE TROUVE :

A Paris, chez DEBURE FRÈRES, rue Serpente, nº 7;

A Stuttgard, chez J. G. COTTA;

A Londres, chez HOWELL, 295 Holborn.

FRAGMENS

RELATIFS

A LA RELIGION

DE

ZOROASTRE.

FRAGMENS

RELATIFS

A LA RELIGION

DE

ZOROASTRE,

EXTRAITS DES MANUSCRITS PERSANS

DE LA BIBLIOTHÈQUE DU ROI.

SE TROUVE:

A PARIS, chez DEBURE FRÈRES, rue Serpente, n.° 7;

A STUTTGARD, chez J. G. COTTA;

A LONDRES, chez HOWELL, 295 Holborn.

M. DCCC. XXIX.

www.ingramcontent.com/pod-product-compliance
Ingram Content Group UK Ltd.
Pitfield, Milton Keynes, MK11 3LW, UK
UKHW020356250726
13967UKWH00005B/2313